Impressum
Verlag: BABADADA GmbH, Nedderfeld 112 , 22529 Hamburg
Geschäftsführer / Verlagsleitung: Harald Hof
Druck: Books on Demand GmbH, In de Tarpen 42, 22848 Norderstedt

Imprint
Publisher: BABADADA GmbH, Nedderfeld 112 , 22529 Hamburg, Germany
Managing Director / Publishing direction: Harald Hof
Print: Books on Demand GmbH, In de Tarpen 42, 22848 Norderstedt, Germany

școală
Šola

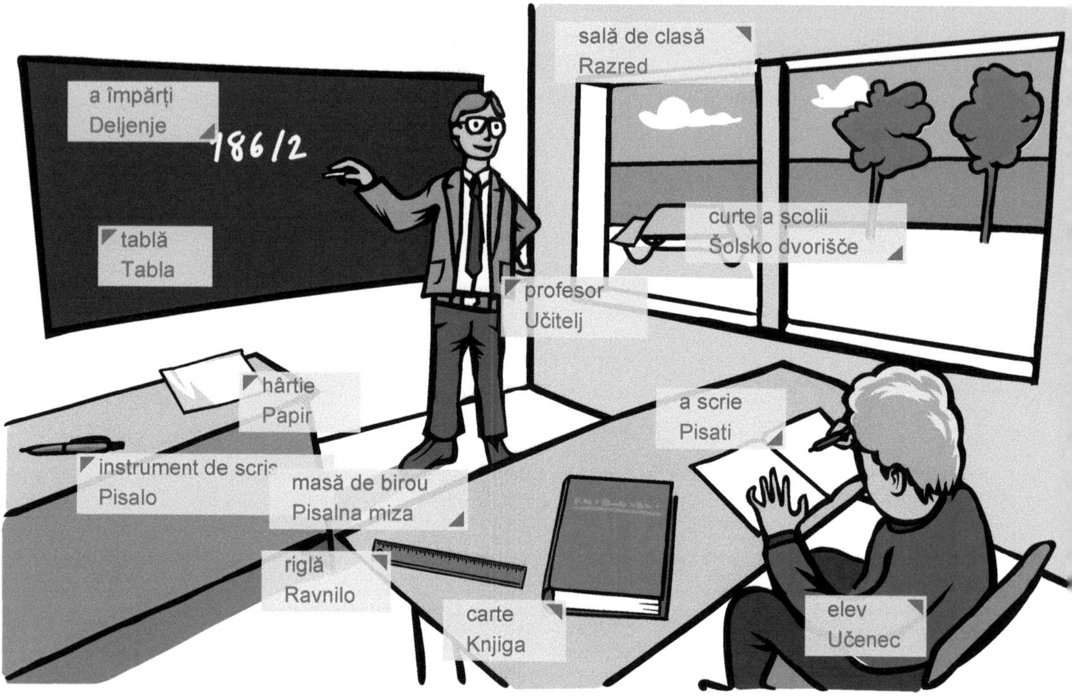

a împărți
Deljenje
186/2
tablă
Tabla
sală de clasă
Razred
curte a școlii
Šolsko dvorišče
profesor
Učitelj
hârtie
Papir
a scrie
Pisati
instrument de scris
Pisalo
masă de birou
Pisalna miza
riglă
Ravnilo
carte
Knjiga
elev
Učenec

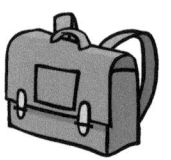

ghiozdan

Šolska torba

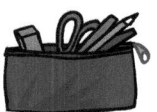

penar

Peresnica

creion

Svinčnik

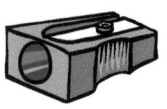

ascuțitoare

Šilček

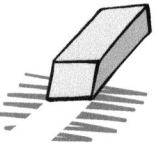

radieră

Radirka

bloc de desen

Risalni blok

desen

Risba

pensulă

Čopič

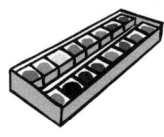

cutie de acuarele

Vodene barvice

foarfece

Škarje

lipici

Lepilo

caiet de exerciții

Zvezek

temă

Domača naloga

12

număr

Število

2+2

a aduna

Seštevanje

5-2

a scădea

Odštevanje

2×2

a multiplica

Množenje

a calcula

Računanje

A

literă

Črka

ABCDEFG HIJKLMN OPQRSTU VWXYZ

alfabet

Abeceda

hello

cuvânt

Beseda

text
Besedilo

a citi
Brati

cretă
Kreda

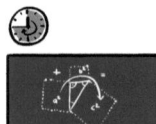

oră
Učna ura

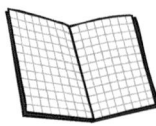

catalog
Redovalnica

examen
Preizkus znanja

certificat
Spričevalo

uniformă școlară
Šolska uniforma

educație
Izobrazba

enciclopedie
Enciklopedija

universitate
Univerza

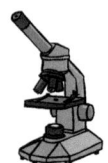

microscop
Mikroskop

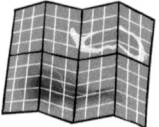

hartă
Zemljevid

coș de gunoi
Koš za smeti

călătorie
Potovanje

hotel
Hotel
Grand
hostel
Hostel
ROOMS
CHANGE
casă de schimb valutar
Menjalnica
valiză
Kovček
autovehicul
Avtomobil

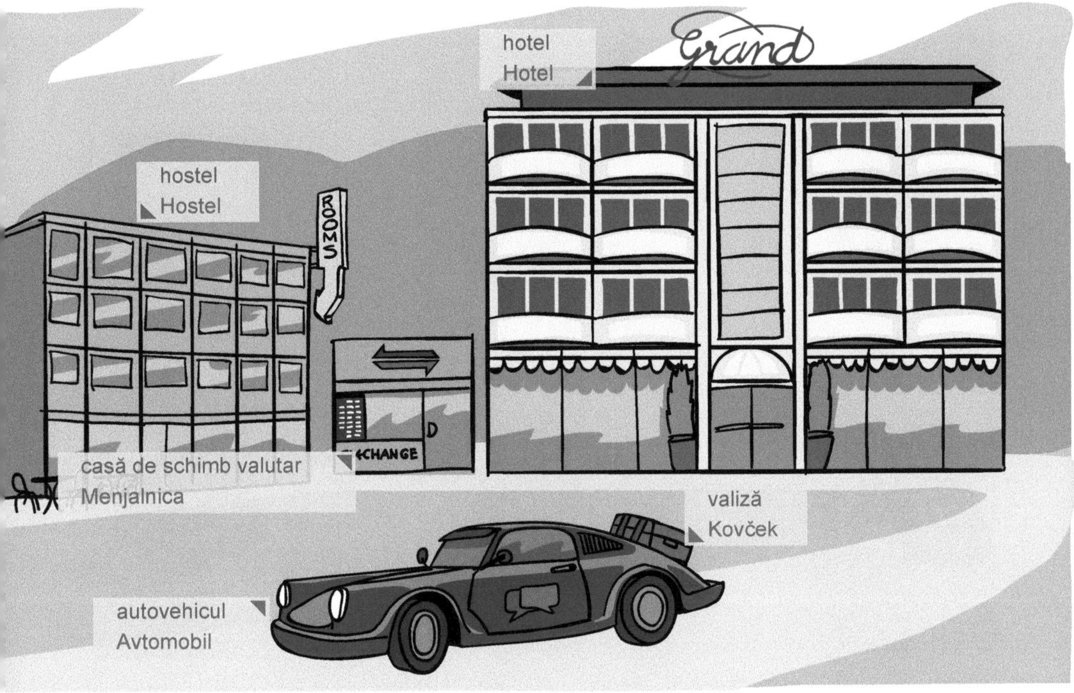

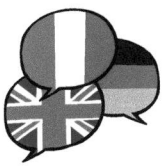

limbă

Jezik

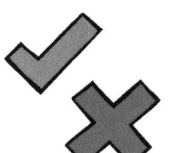

da/nu

da / ne

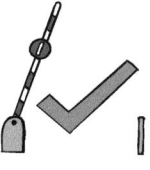

okay

Prav

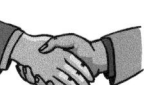

Bună!

Pozdravljeni

interpret

Prevajalec

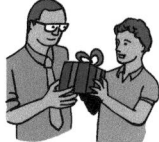

mulțumesc

Hvala

Cât costă...?

Koliko stane...?

Nu înțeleg

Ne razumem

problemă

Težava

Bună seara!

Dober večer!

Bună dimineața!

Dobro jutro!

Noapte bună!

Lahko noč!

la revedere

Nasvidenje

direcție

Smer

bagaj

Prtljaga

geantă

Torba

rucsac

Nahrbtnik

oaspete

Gost

cameră

Soba

sac de dormit

Spalna vreča

cort

Šotor

punct de informare turistică

Turistične informacije

plajă

Plaža

carte de credit

Kreditna kartica

mic dejun

Zajtrk

masa de prânz

Kosilo

cină

Večerja

bilet de călătorie

Vozovnica

lift

Dvigalo

timbru poștal

Znamka

graniță

Meja

vamă

Carina

ambasadă

Veleposlaništvo

viză

Vizum

pașaport

Potni list

transport
Prevoz

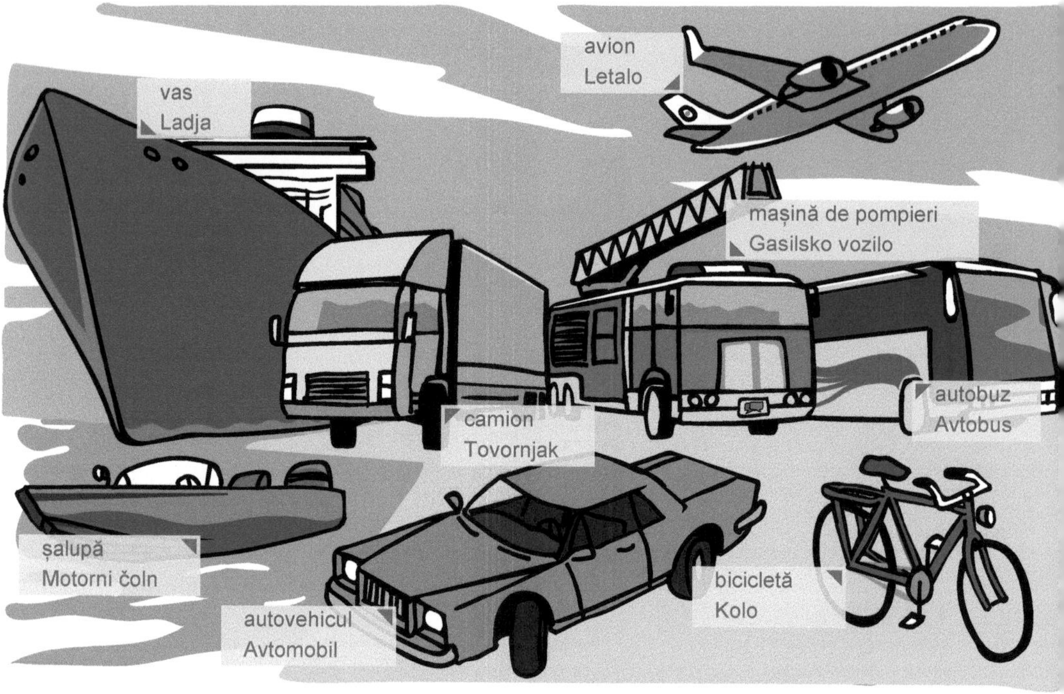

avion
Letalo
vas
Ladja
mașină de pompieri
Gasilsko vozilo
autobuz
Avtobus
camion
Tovornjak
șalupă
Motorni čoln
bicicletă
Kolo
autovehicul
Avtomobil

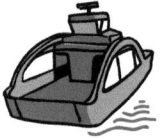

feribot

Trajekt

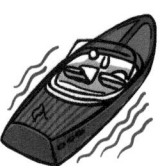

barcă

Čoln

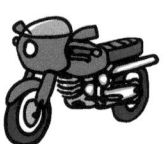

motocicletă

Motorno kolo

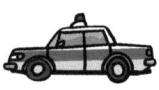

mașină de poliție

Policijski avto

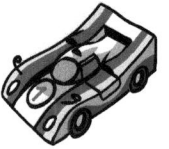

mașină de curse

Dirkalni avto

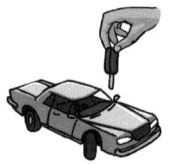

mașină închiriată

Najeto vozilo

car sharing

Souporaba avtomobila

mașină de tractat

Avtovleka

mașină de gunoi

Smetarsko vozilo

motor

Motor

combustibil

Gorivo

benzinărie

Bencinska postaja

semn de circulație

Prometni znak

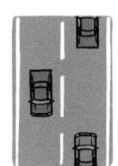

trafic

Promet

ambuteiaj

Zastoj

parcare

Parkirišče

gară

Železniška postaja

șine

Tirnice

tren

Vlak

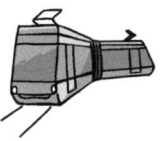

tramvai

Tramvaj

vagon

Vagon

elicopter

Helikopter

aeroport

Letališče

turn

Stolp

pasager

Potnik

container

Kontejner

carton

Karton

căruță

Voziček

coș

Košara

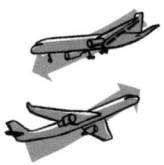

a decola/a ateriza

vzleteti / pristati

oraș

Mesto

sat

Vas

centru

Mestno jedro

casă

Hiša

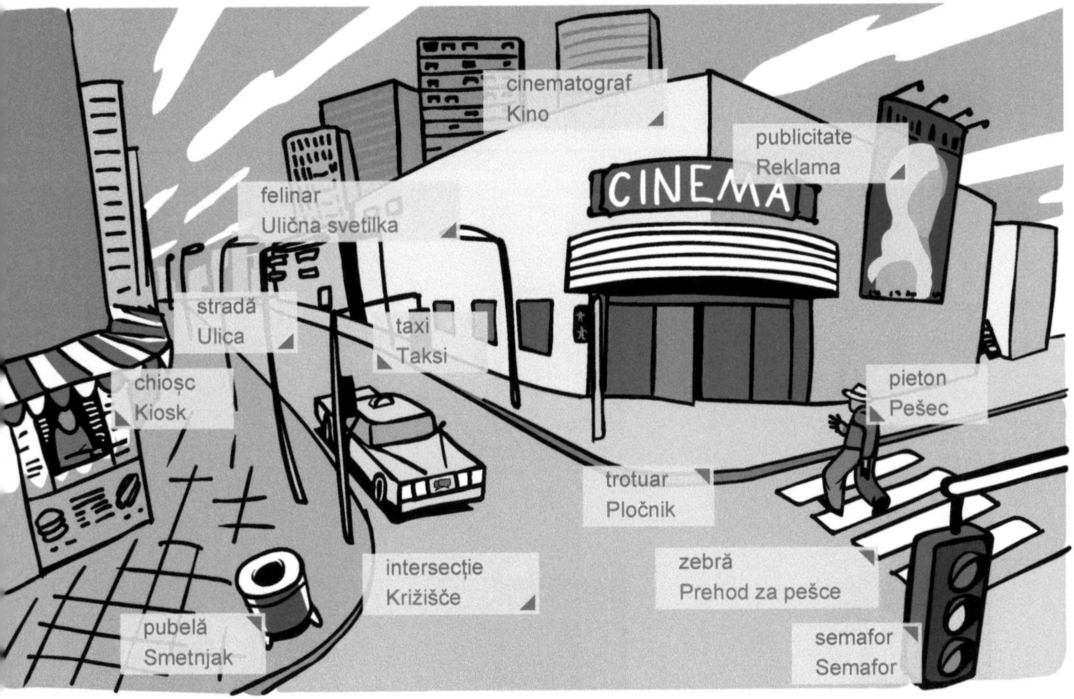

cinematograf
Kino
publicitate
Reklama
CINEMA
felinar
Ulična svetilka
stradă
Ulica
taxi
Taksi
chioșc
Kiosk
pieton
Pešec
trotuar
Pločnik
intersecție
Križišče
zebră
Prehod za pešce
pubelă
Smetnjak
semafor
Semafor

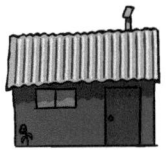

cabană

Koča

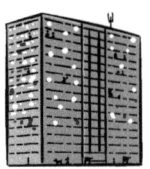

apartament

Stanovanje

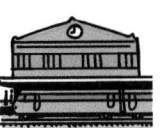

gară

Železniška postaja

primărie

Mestna hiša

MUSEUM

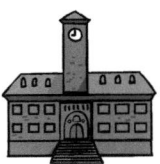

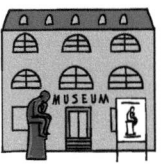

muzeu

Muzej

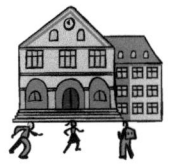

școală

Šola

universitate

Univerza

bancă

Banka

spital

Bolnišnica

hotel

Hotel

farmacie

Lekarna

birou

Pisarna

librărie

Knjigarna

magazin

Trgovina

florărie

Cvetličarna

supermarket

Supermarket

piaţă

Tržnica

magazin universal

Veleblagovnica

comerciant de pește

Ribarnica

centru comercial

Nakupovalno središče

port

Pristanišče

parc
Park

bancă
Klop

pod
Most

trepte
Stopnice

metrou
Podzemna železnica

tunel
Predor

stație de autobuz
Avtobusno postajališče

bar
Bar

restaurant
Restavracija

cutie poștală
Poštni nabiralnik

tăbliță indicatoare cu
numele străzii
Ulična tabla

parcometru
Parkirna ura

grădină zoologică
Živalski vrt

piscină
Kopališče

moschee
Mošeja

gospodărie țărănească

Kmetija

poluare

Onesnaževanje

cimitir

Pokopališče

biserică

Cerkev

loc de joacă

Otroško igrišče

templu

Tempelj

peisaj
Pokrajina

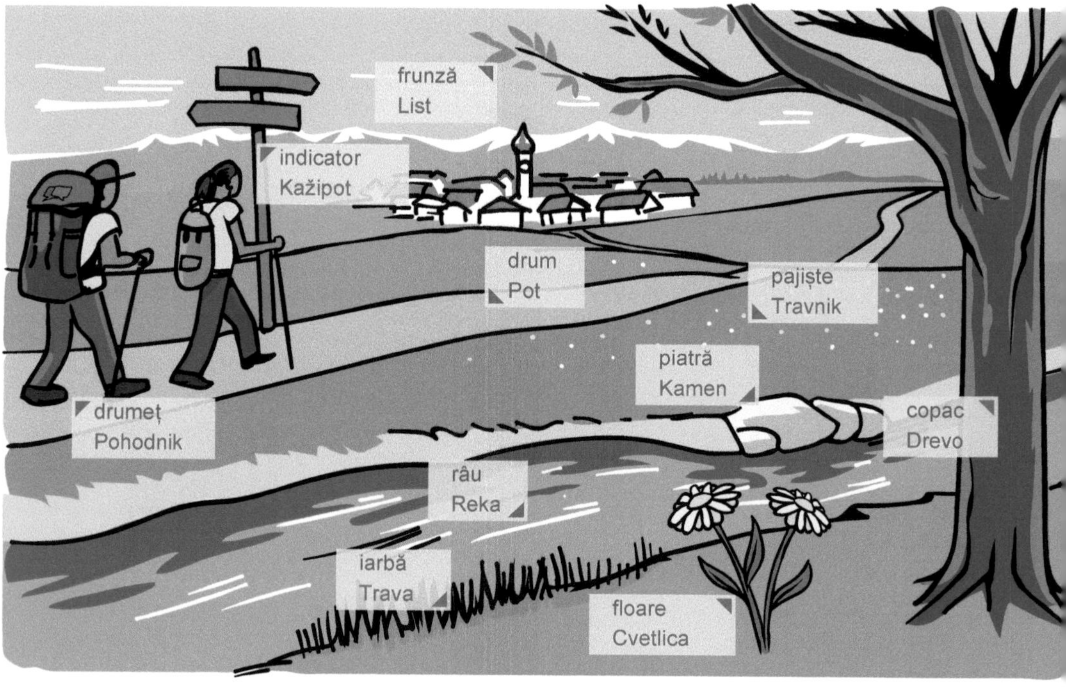

frunză
List

indicator
Kažipot

drum
Pot

pajiște
Travnik

piatră
Kamen

copac
Drevo

drumeț
Pohodnik

râu
Reka

iarbă
Trava

floare
Cvetlica

vale
Dolina

deal
Hrib

lac
Jezero

pădure
Gozd

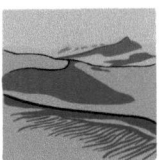

deșert
Puščava

vulcan
Vulkan

castel
Grad

curcubeu
Mavrica

ciupercă
Goba

palmier
Palma

țânțar
Komar

muscă
Muha

furnică
Mravlja

albină
Čebela

păianjen
Pajek

gândac

Hrošč

broască

Žaba

veveriță

Veverica

arici

Jež

iepure

Zajec

bufniță

Sova

pasăre

Ptič

lebădă

Labod

porc mistreț

Divji prašič

cerb

Jelen

elan

Los

dig

Jez

turbină eoliană

Vetrnica

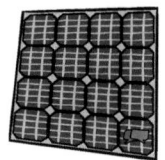

panou solar

Solarna plošča

climă

Podnebje

chelnăr
Natakar

meniu
Jedilnik

scaun
Stol

supă
Juha

pizza
Pica

tacâmuri
Pribor

față de masă
Prt

antreu
Predjed

fel principal
Glavna jed

desert
Sladica

băuturi
Pijače

mâncare
Hrana

sticlă
Steklenica

fastfood

Hitra hrana

streetfood

Ulična hrana

ceainic

Čajnik

zaharniță

Sladkornica

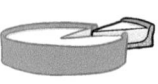

porție

Porcija

espressor

Aparat za espresso

scaun înalt (pentru copii)

Stolček za hranjenje

factură

Račun

tavă

Pladenj

cuțit

Nož

furculiță

Vilica

lingură

Žlica

linguriță

Čajna žlička

șervețel

Servieta

pahar

Kozarec

farfurie

Krožnik

farfurie de supă

Globoki krožnik

farfurie

Krožniček

sos

Omaka

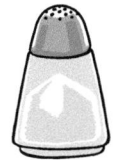

solniță

Solnica

râșniță de piper

Mlinček za poper

oțet

Kis

ulei

Olje

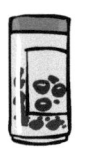

condimente

Začimbe

ketchup

Kečap

muștar

Gorčica

maioneză

Majoneza

supermarket
Supermarket

ofertă
Posebna ponudba
FOR
client
Stranka
produse lactate
Mlečni izdelki
fructe
Sadje
cărucior de cumpărături
Nakupovalni voziček

BUTCHERS

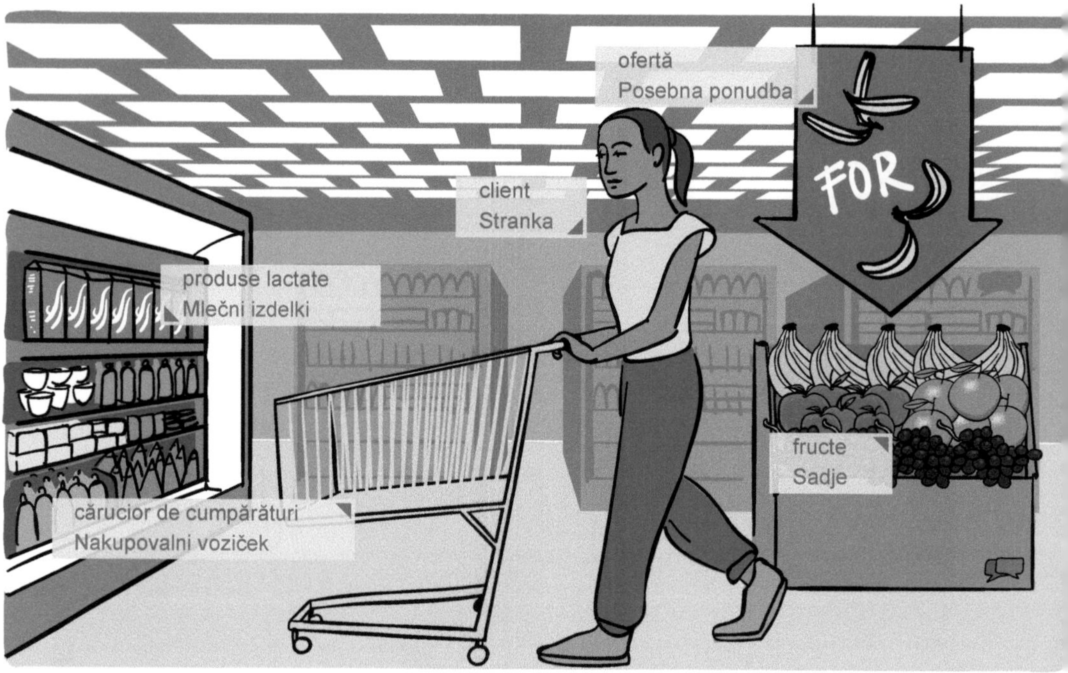

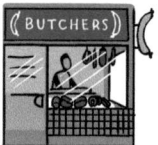

măcelărie

Mesnica

BAKERY

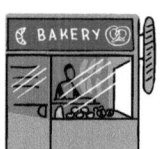

brutărie

Pekarna

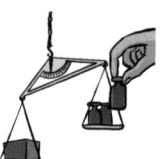

a cântări

Tehtati

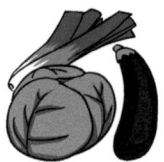

legume

Zelenjava

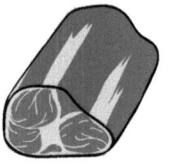

carne

Meso

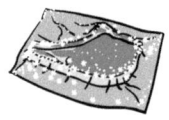

alimente refrigerate

Zamrznjena hrana

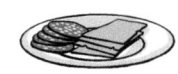

mezeluri şi brânzeturi feliate

Hladne mesnine

conserve

Konzerve

detergent

Pralni prašek

dulciuri

Sladkarije

articole de menaj

Gospodinjski izdelki

produse de curăţenie

Čistilno sredstvo

vânzătoare

Prodajalka

casă

Blagajna

casier

Blagajnik

listă de cumpărături

Nakupovalni seznam

orar

Delovni čas

portmoneu

Denarnica

carte de credit

Kreditna kartica

geantă

Torba

pungă de plastic

Plastična vrečka

apă
....
Voda

suc
....
Sok

lapte
....
Mleko

cola
....
Kola

vin
....
Vino

bere
....
Pivo

alcool
....
Alkohol

cacao
....
Kakav

ceai
....
Čaj

cafea
....
Kava

espresso
....
Espresso

cappucino
....
Kapučino

banane

Banana

măr

Jabolko

portocală

Pomaranča

pepene

Lubenica

lămâie

Limona

morcov

Korenje

usturoi

Česen

bambus

Bambus

ceapă

Čebula

ciupercă

Goba

nuci

Oreščki

paste făinoase

Rezanci

spagheti

Špageti

orez

Riž

salată

Solata

cartofi prăjiți

Ocvrt krompirček

cartofi țărănești

Pečen krompir

pizza

Pica

hamburger

Hamburger

sandwich

Sendvič

șnițel

Zrezek

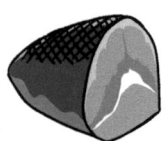

șuncă

Šunka

salam

Salama

cârnați

Klobasa

pui

Piščanec

friptură

Pečenka

pește

Riba

fulgi de ovăz

Ovseni kosmiči

musli

Musli

cereale

Koruzni kosmiči

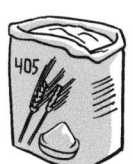

făină

Moka

corn

Rogljiček

chifle

Žemlja

pâine

Kruh

pâine prăjită

Prepečenec

biscuiți

Piškoti

unt

Maslo

brânză de vaci

Skuta

prăjitură

Torta

ou

Jajce

ouă ochiuri

Pečeno jajce na oko

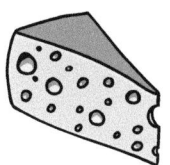

brânză

Sir

îngheţată

Sladoled

zahăr

Sladkor

miere

Med

marmeladă

Marmelada

cremă nuga

Čokoladni namaz

curry

Kari

gospodărie țărănească
Kmetija

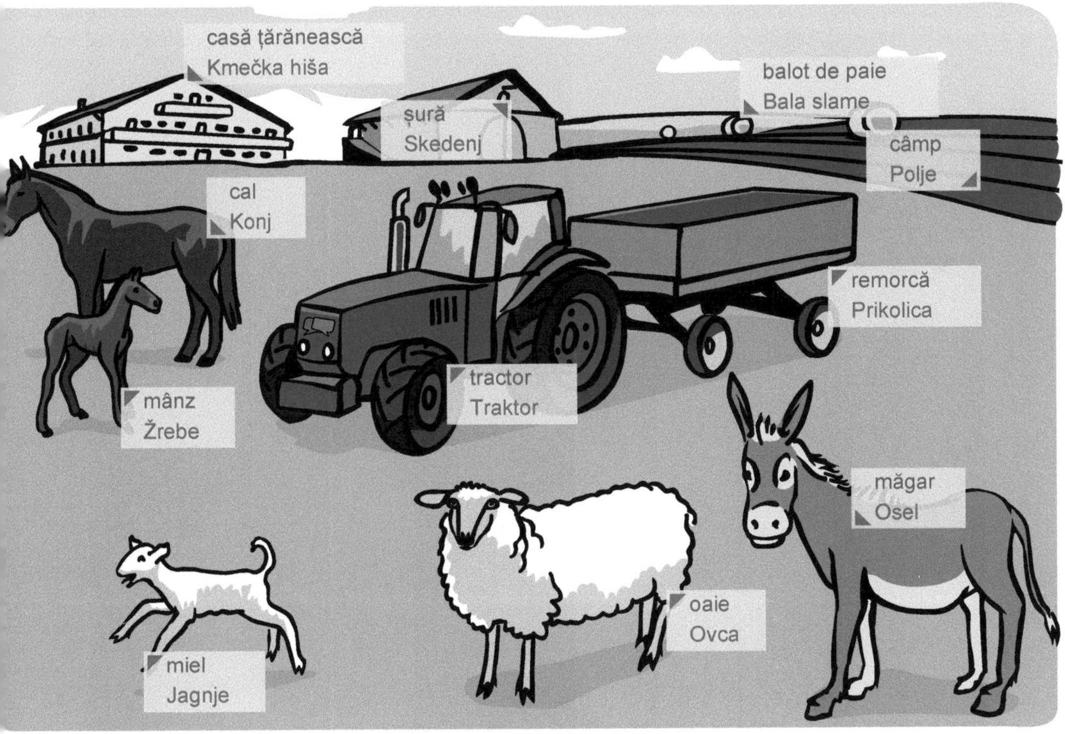
casă țărănească
Kmečka hiša
șură
Skedenj
balot de paie
Bala slame
câmp
Polje
cal
Konj
remorcă
Prikolica
mânz
Žrebe
tractor
Traktor
măgar
Osel
oaie
Ovca
miel
Jagnje

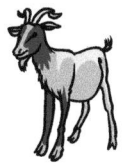

capră

Koza

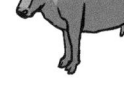

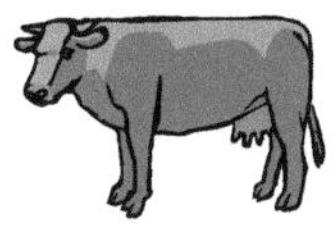

vacă

Krava

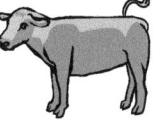

vițel

Tele

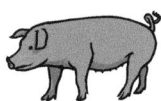

porc

Prašič

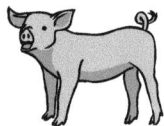

purcel

Pujsek

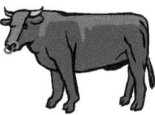

taur

Bik

găină

Gos

rață

Raca

pui

Piščanec

găină

Kokoš

cocoș

Petelin

șobolan

Podgana

pisică

Mačka

șoarece

Miš

bou

Vol

câine

Pes

cușcă

Pasja uta

furtun de grădină

Cev za zalivanje

stropitoare

Kangla za zalivanje

coasă

Kosa

plug

Plug

seceră

Srp

sapă

Motika

furcă

Vile

secure

Sekira

roabă

Samokolnica

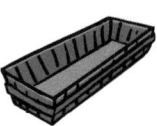

troacă

Korito

cană pentru lapte

Kangla za mleko

sac

Vreča

gard

Ograja

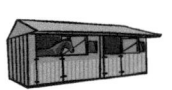

grajd

Hlev

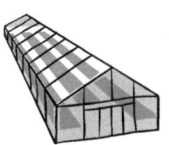

seră

Rastlinjak

sol

Prst

sămânţă

Seme

fertilizator

Gnojilo

combină de treierat

Kombajn

a culege
Žeti

recoltă
Žetev

cartof yam
Jam

grâu
Pšenica

soia
Soja

cartof
Krompir

porumb
Koruza

rapiță
Oljna ogrščica

pom fructifer
Sadno drevo

manioc
Maniok

cereale
Žito

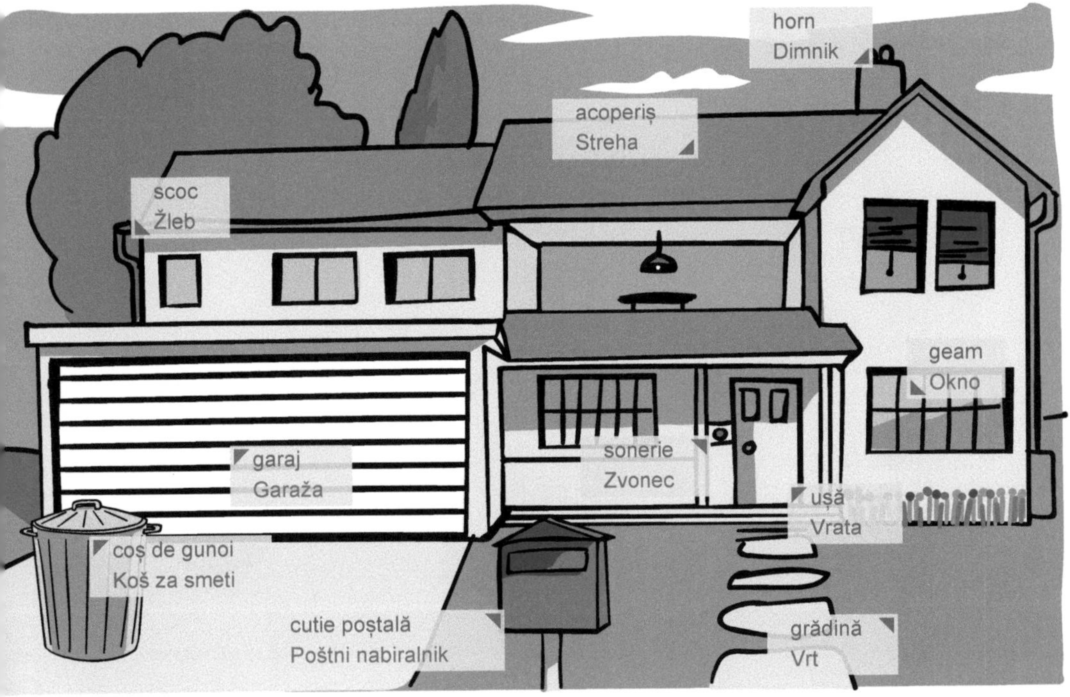

horn
Dimnik

acoperiș
Streha

scoc
Žleb

geam
Okno

garaj
Garaža

sonerie
Zvonec

ușă
Vrata

coș de gunoi
Koš za smeti

cutie poștală
Poštni nabiralnik

grădină
Vrt

camera de zi

Dnevna soba

baie

Kopalnica

bucătărie

Kuhinja

dormitor

Spalnica

camera copiilor

Otroška soba

sufragerie

Jedilnica

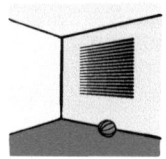

podea

Tla

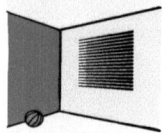

perete

Stena

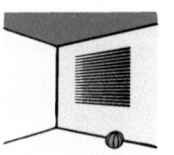

tavan

Strop

pivniță

Klet

saună

Savna

balcon

Balkon

terasă

Terasa

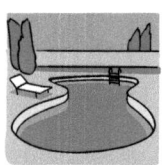

piscină

Bazen

mașină de tuns iarba

Kosilnica

cearșaf

Rjuha

cuvertură

Posteljno pregrinjalo

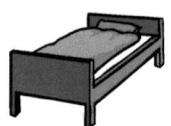

pat

Postelja

mătură

Metla

găleată

Vedro

întrerupător

Stikalo

cameră de zi
Dnevna soba

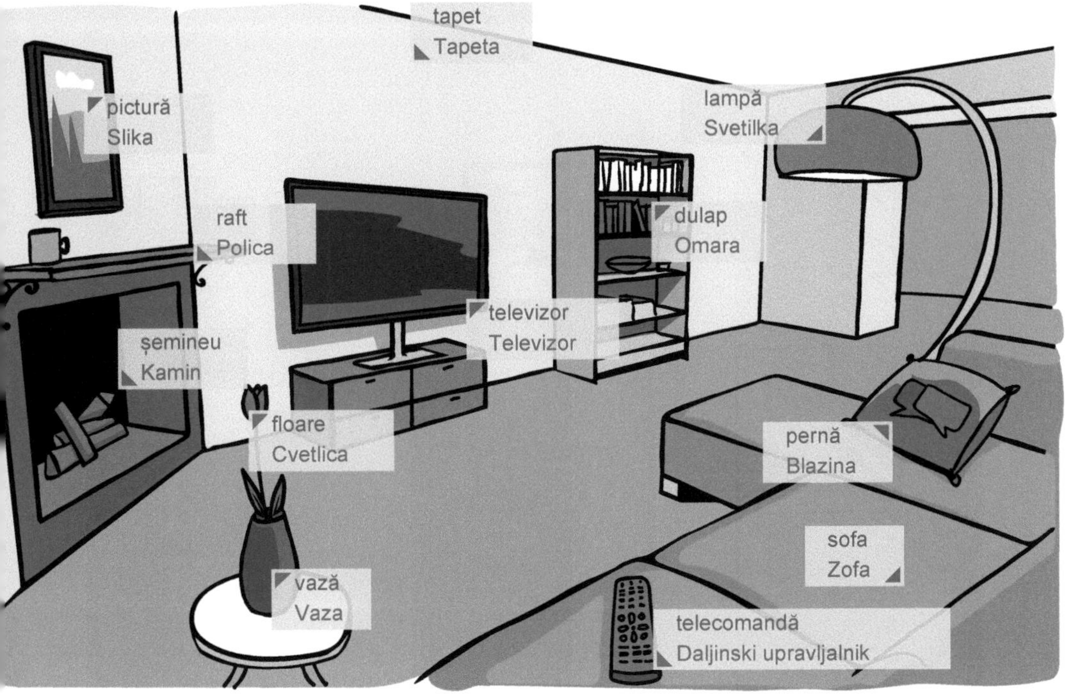
tapet
Tapeta
pictură
Slika
lampă
Svetilka
raft
Polica
dulap
Omara
televizor
Televizor
șemineu
Kamin
floare
Cvetlica
pernă
Blazina
sofa
Zofa
vază
Vaza
telecomandă
Daljinski upravljalnik

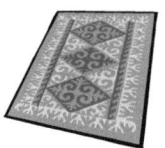

covor
Preproga

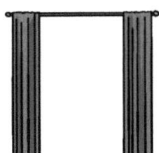

perdea
Zavesa

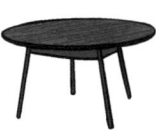

masă
Miza

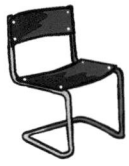

scaun
Stol

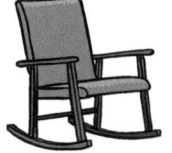

balansoar
Gugalnik

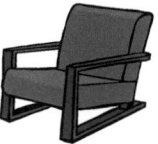

fotoliu
Naslanjač

carte

Knjiga

pătură

Odeja

decoraţiune

Dekoracija

lemn de foc

Drva

film

Film

instalaţie stereo

Glasbeni stolp

cheie

Ključ

ziar

Časopis

desen

Slika

poster

Plakat

radio

Radio

caiet de notiţe

Beležka

aspirator

Sesalnik

cactus

Kaktus

lumânare

Sveča

bucătărie
Kuhinja

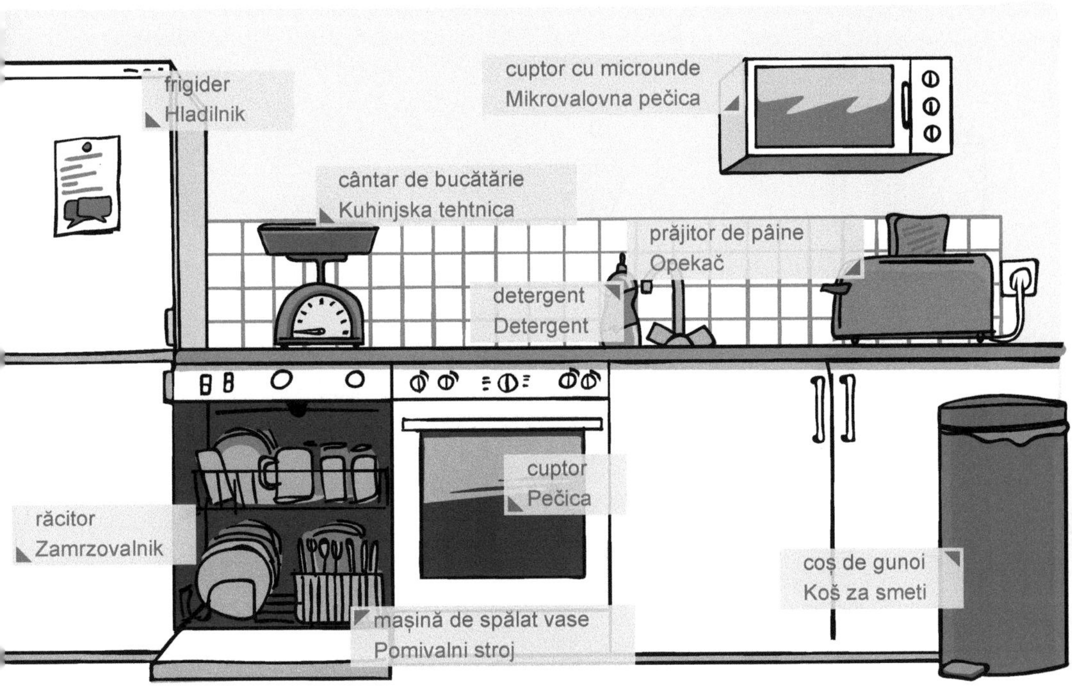
frigider
Hladilnik
cuptor cu microunde
Mikrovalovna pečica
cântar de bucătărie
Kuhinjska tehtnica
prăjitor de pâine
Opekač
detergent
Detergent
cuptor
Pečica
răcitor
Zamrzovalnik
coș de gunoi
Koš za smeti
mașină de spălat vase
Pomivalni stroj

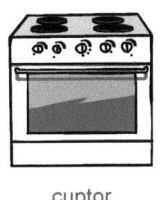

cuptor

Kozica

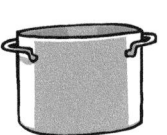

oală

Lonec

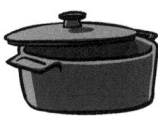

oală de metal

Litoželezni lonec

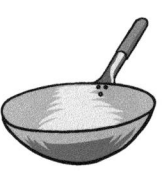

wok/kadai

Vok / kadai

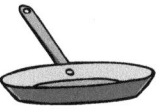

tigaie

Ponev

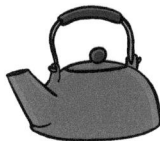

ceainic

Kotliček

oală de gătit cu aburi

Parni kuhalnik

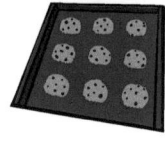

tavă de copt

Pekač

veselă

Posoda

pahar

Skodelica

bol

Skleda

bețișoare

Jedilne paličice

polonic

Zajemalka

spatulă

Lopatica

tel

Metlica

sită

Cedilnik

sită

Cedilo

răzătoare

Strgalo

mojar

Možnar

grătar

Žar

loc pentru grătar

Ognjišče

tocător

Deska za rezanje

sucitor

Valjar

tirbușon

Odpirač za steklenice

conservă

Pločevinka

deschizător de conserve

Odpirač za konzerve

șervete termice

Prijemalka za posodo

chiuvetă

Korito

perie

Ščetka

burete

Goba

mixer

Mešalnik

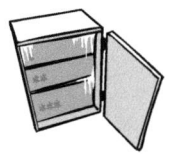

ladă frigorifică

Zamrzovalna skrinja

biberon

Steklenička

robinet

Pipa

baie
Kopalnica

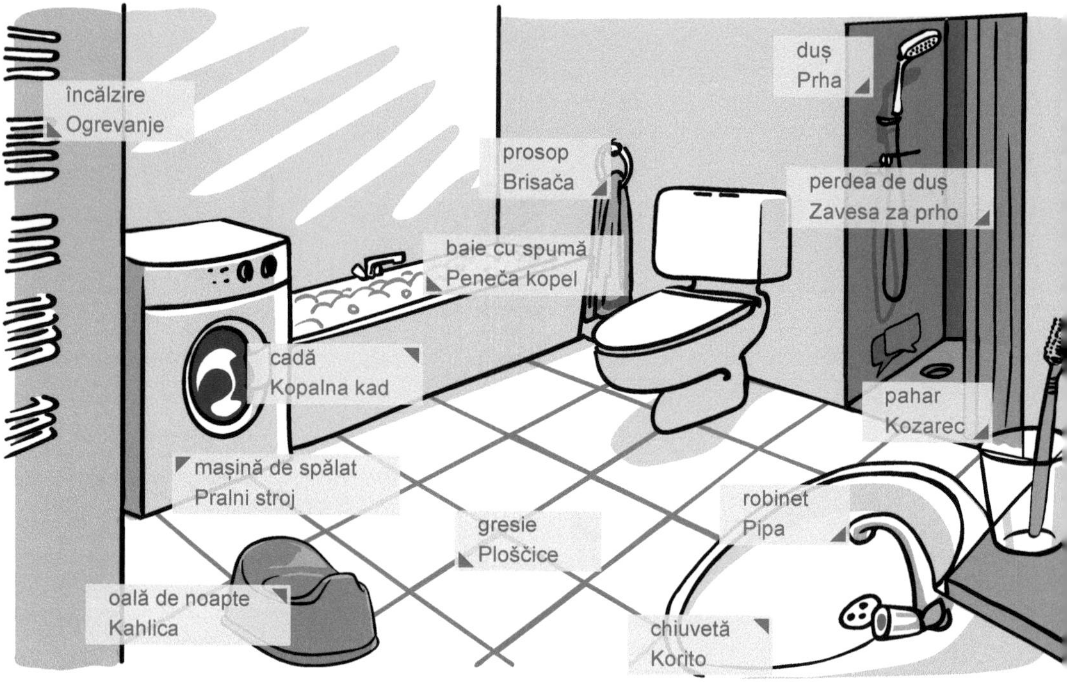

încălzire
Ogrevanje
duș
Prha
prosop
Brisača
perdea de duș
Zavesa za prho
baie cu spumă
Peneča kopel
cadă
Kopalna kad
pahar
Kozarec
mașină de spălat
Pralni stroj
robinet
Pipa
gresie
Ploščice
oală de noapte
Kahlica
chiuvetă
Korito

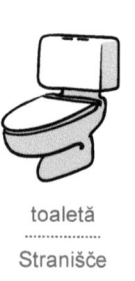

toaletă

Stranišče

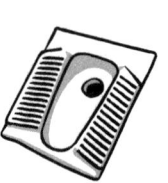

toaletă turcescă

Stranišče na počep

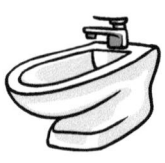

bideu

Bide

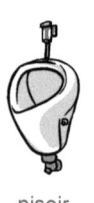

pisoir

Pisoar

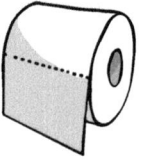

hârtie igienică

Toaletni papir

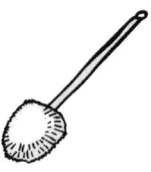

perie de toaletă

Ščetka za straniščno školjko

periuță de dinți

Zobna ščetka

pastă de dinți

Zobna pasta

ață dentară

Zobna nitka

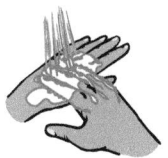

a spăla

Umiti se

cap de duș

Ročna prha

duș intim

Prha za intimne dele

lavoar

Umivalnik

perie pentru spate

Krtača za hrbet

săpun

Milo

gel de duș

Gel za prhanje

șampon

Šampon

cârpă de spălat

Krpica za miljenje

scurgere

Odtok

cremă

Krema

deodorant

Deodorant

oglindă	oglindă cosmetică	aparat de ras
Ogledalo	Ročno ogledalo	Britvica

spumă de ras	aftershave	pieptene
Pena za britje	Vodica po britju	Glavnik
		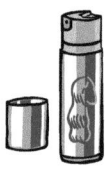
perie	uscător de păr	fixator
Ščetka	Sušilnik za lase	Lak za lase

machiaj	ruj	lac de unghii
Ličila	Šminka	Lak za nohte

vată	foarfece de unghii	parfum
Vatirane blazinice	Škarjice za nohte	Parfum

neseser

Toaletna torbica

taburet

Stol brez naslonjala

cântar

Osebna tehtnica

halat de baie

Kopalni plašč

mănuși de cauciuc

Gumijaste rokavice

tampon

Tampon

tampon

Damski vložki

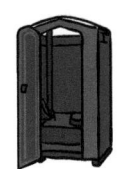

toaletă chimică

Kemično stranišče

camera copiilor
Otroška soba

ceas deșteptător
Budilka
jucărie de pluș
Plišasta igrača
mașină de jucărie
Avtomobilček
morișcă
Ropotuljica
casă de păpuși
Hiška za punčke
cadou
Darilo

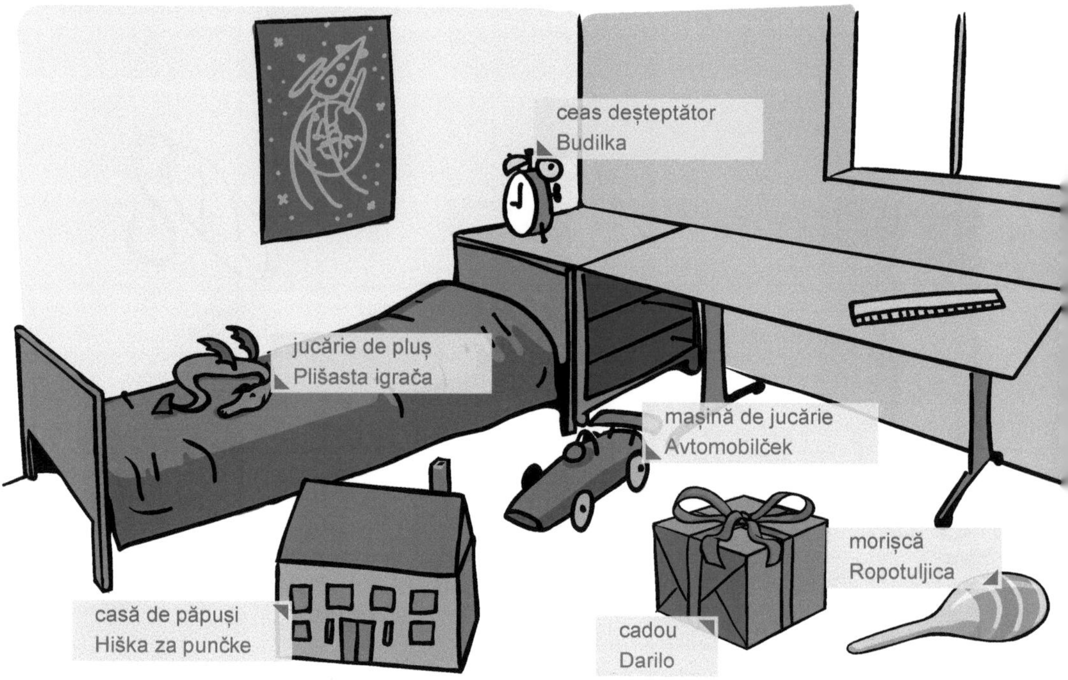

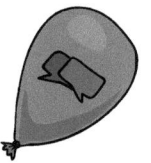

balon

Balon

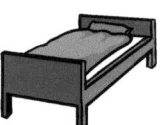

pat

Postelja

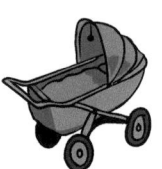

cărucior de copii

Otroški voziček

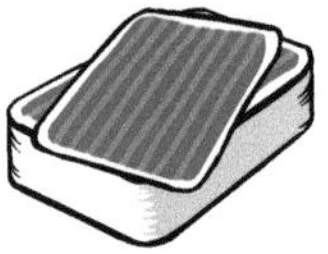

joc de cărți

Igralne karte

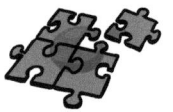

puzzle

Sestavljanka

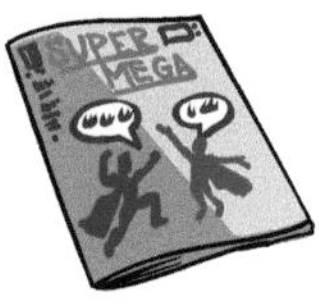

revistă de benzi desenate

Strip

cuburi lego

Lego kocke

piese pentru construcţii

Igralne kocke

personaj din filmele de acţiune

Akcijska figura

body

Bodi

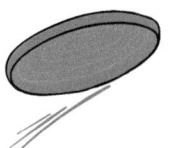

frisbee

Frizbi

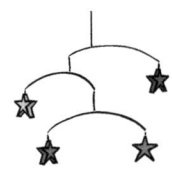

mobil

Vrtiljak za posteljico

joc de societate

Namizna igra

zar

Kocka

set trenuleţ de jucărie

Komplet modelov vlakov

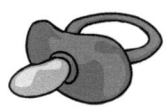

suzetă

Duda

petrecere

Zabava

carte cu poze

Slikanica

minge

Žoga

păpuşă

Lutka

a se juca

Igrati se

groapă de nisip

Peskovnik

leagăn

Gugalnica

jucării

Igrače

consolă video

Igralna konzola

triciletă

Tricikel

ursuleț

Plišasti medvedek

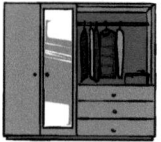

dulap

Garderoba

îmbrăcăminte
Oblačilo

șosete

Nogavice

ciorapi

Samostoječe nogavice

dres

Hlačne nogavice

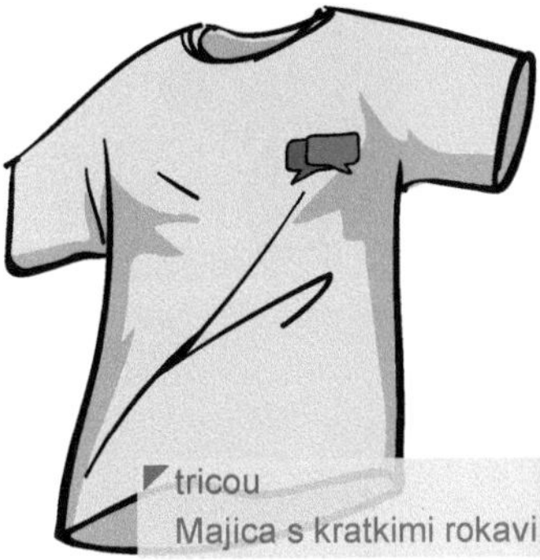

sal
Šal

umbrelă
Dežnik

tricou
Majica s kratkimi rokavi

curea
Pas

pantofi sport
Športni copati

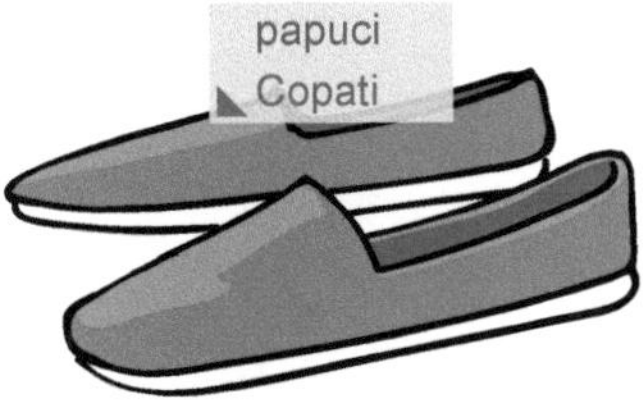

cizme
Škornji

papuci
Copati

sandale
....
Sandali

încălțăminte
....
Čevlji

cizme de cauciuc
....
Gumijasti škornji

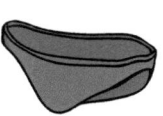

chilot
....
Spodnje hlače

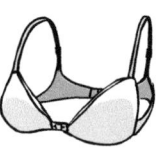

sutien
....
Modrček

maiou
....
Telovnik

body

Bodi

pantaloni

Hlače

blugi

Kavbojke

fustă

Krilo

bluză

Bluza

cămașă

Srajca

pulover

Pulover

jerseu

Pletena jopica

sacou

Jopa

jachetă

Jakna

palton

Plašč

pelerină de ploaie

Dežni plašč

costum

Kostim

rochie

Obleka

rochie de mireasă

Poročna obleka

costum

Obleka

cămaşă de noapte

Spalna srajca

pijama

Pižama

sari

Sari

batic

Naglavna ruta

turban

Turban

burka

Burka

caftan

Kaftan

abaya

Abaja

costum de baie

Kopalke

şort

Kopalne hlače

pantaloni scurţi

Kratke hlače

trening

Trenirka

şorţ

Predpasnik

mănuşi

Rokavice

nasture

Gumb

ochelari

Očala

brăţară

Zapestnica

lanţ

Verižica

inel

Prstan

cercel

Uhan

căciulă

Kapa

umeraş

Obešalnik

pălărie

Klobuk

cravată

Kravata

fermoar

Zadrga

cască

Čelada

bretele

Naramnice

uniformă şcolară

Šolska uniforma

uniformă

Uniforma

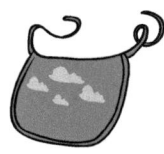

baveţică

Slinček

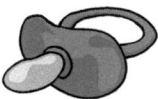

suzetă

Duda

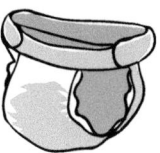

scutec

Plenica

birou

Pisarna

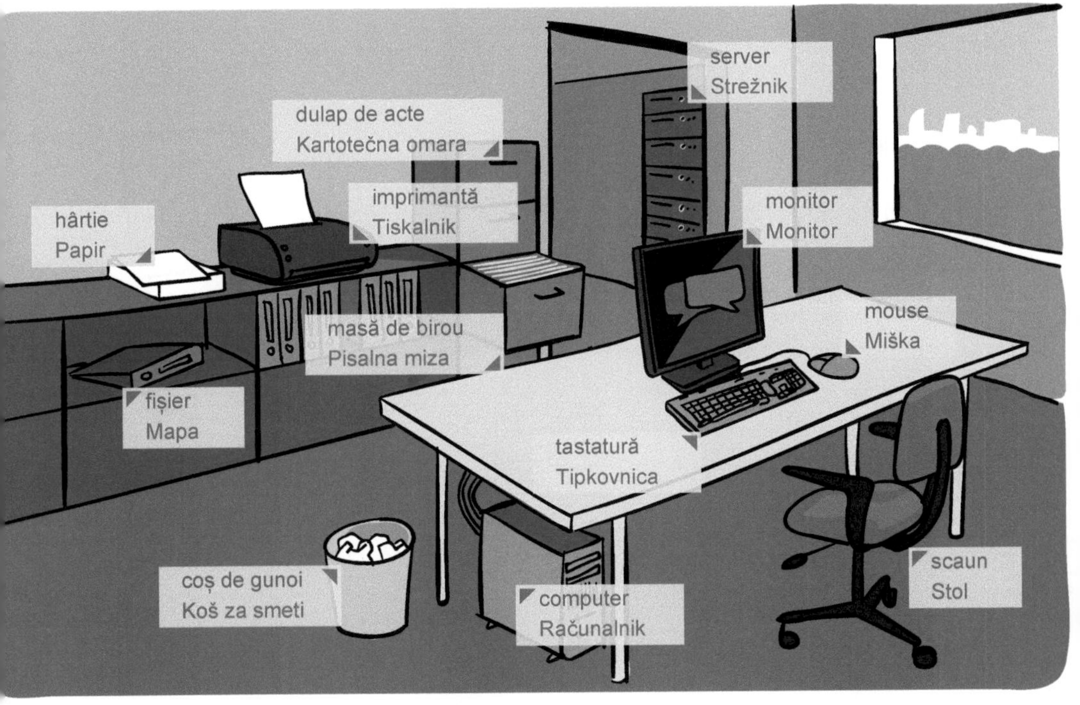

server
Strežnik
dulap de acte
Kartotečna omara
hârtie
Papir
imprimantă
Tiskalnik
monitor
Monitor
mouse
Miška
masă de birou
Pisalna miza
fişier
Mapa
tastatură
Tipkovnica
coş de gunoi
Koš za smeti
computer
Računalnik
scaun
Stol

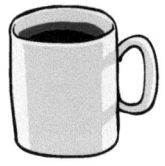

ceaşcă de cafea

Lonček za kavo

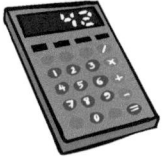

calculator

Kalkulator

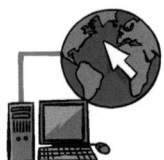

internet

Internet

laptop

Prenosnik

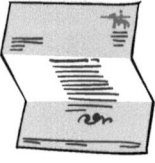

scrisoare

Pismo

mesaj

Sporočilo

telefon mobil

Mobilnik

rețea

Omrežje

copiator

Kopirni stroj

software

Programska oprema

telefon

Telefon

priză

Vtičnica

fax

Telefaks

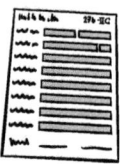

formular

Obrazec

document

Dokument

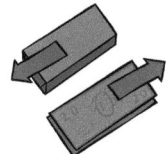

a cumpăra

Kupiti

a plăti

Plačati

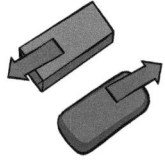

a face comerţ

Trgovati

bani

Denar

USD

Dolar

Dolar

EUR

Euro

Evro

JPY

Yen

Jen

RUB

Rublă

Rubelj

CHF

Franc Elveţian

Švičarski frank

CNY

renminbi yuan

Kitajski juan renminbi

INR

Rupie

Rupija

bancomat

Bankomat

casă de schimb valutar

Menjalnica

aur

Zlato

argint

Srebro

petrol

Nafta

energie

Energija

preț

Cena

contract

Pogodba

impozit

Davek

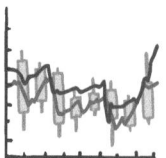

acțiune

Delnice

a munci

Delati

angajat

Delojemalec

angajator

Delodajalec

fabrică

Tovarna

magazin

Trgovina

poliţist
Policist

pompier
Gasilec

bucătar
Kuhar

medic
Zdravnik

pilot
Pilot

grădinar

Vrtnar

tâmplar

Mizar

cusătoreasă

Šivilja

judecător

Sodnik

chimist

Kemik

actor

Igralec

șofer de autobuz

Voznik avtobusa

șofer de taxi

Taksist

pescar

Ribič

femeie de serviciu

Čistilka

tinichigiu

Krovec

chelnăr

Natakar

vânător

Lovec

pictor

Pleskar

brutar

Pek

electrician

Električar

muncitor în construcții

Gradbenik

inginer

Inženir

măcelar

Mesar

instalator

Vodovodni inštalater

poștaș

Poštar

soldat

Vojak

arhitect

Arhitekt

casier

Blagajnik

florar

Cvetličar

frizer

Frizer

controlor

Sprevodnik

mecanic

Mehanik

căpitan

Kapitan

stomatolog

Zobozdravnik

om de știință

Znanstvenik

rabin

Rabin

imam

Imam

călugăr

Menih

preot

Duhovnik

instrumente
Orodje

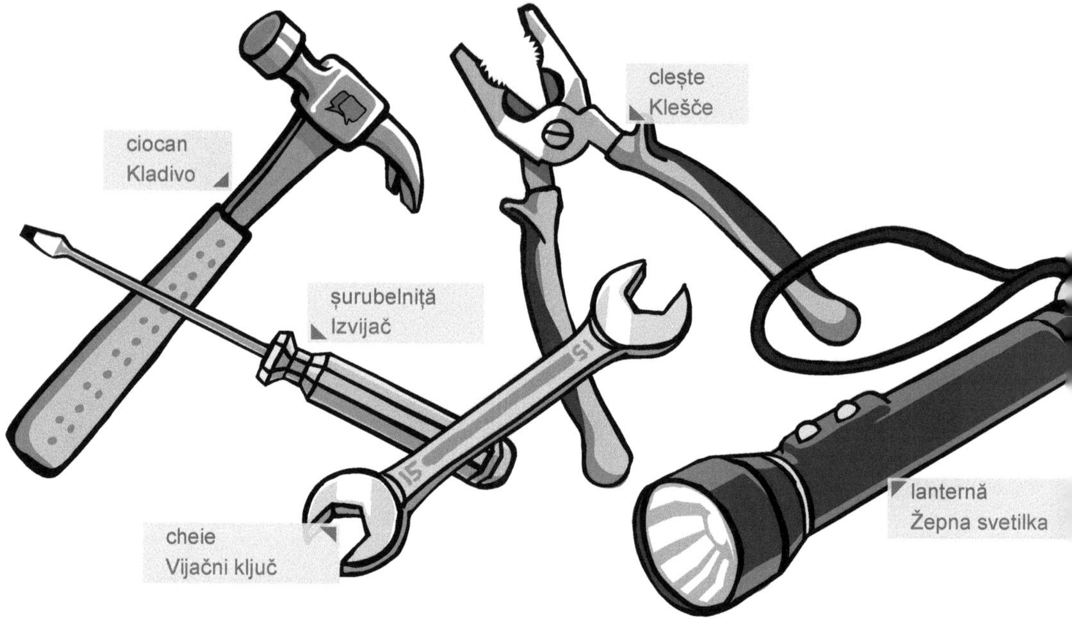

ciocan
Kladivo
clește
Klešče
șurubelniță
Izvijač
cheie
Vijačni ključ
lanternă
Žepna svetilka

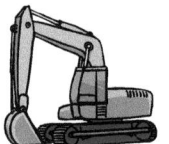

excavator

Bager

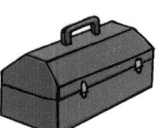

cutie de scule

Zaboj z orodjem

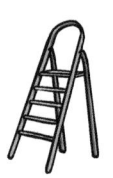

scară

Lestev

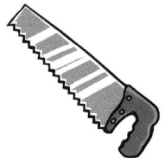

ferăstrău

Žaga

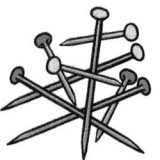

cuie

Žeblji

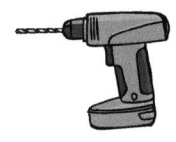

burghiu

Vrtalnik

a repara
Popraviti

lopată
Lopata

La naiba!
Šment!

făraș
Smetišnica

vas pentru vopsea
Posoda z barvo

șuruburi
Vijaki

instrumente muzicale
Glasbeni instrument

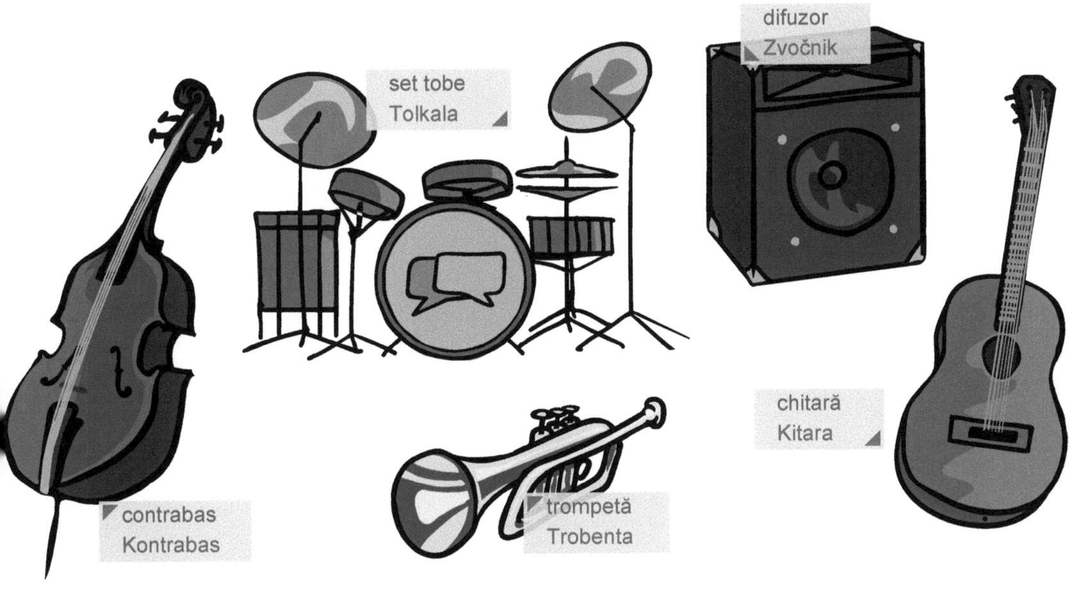

difuzor
Zvočnik

set tobe
Tolkala

contrabas
Kontrabas

trompetă
Trobenta

chitară
Kitara

pian
Klavir

vioară
Violina

bas
Bas kitara

trombon
Pavke

tobă
Bobni

keyboard
Sintetizator

saxofon
Saksofon

fluier
Flavta

microfon
Mikrofon

grădină zoologică
Živalski vrt

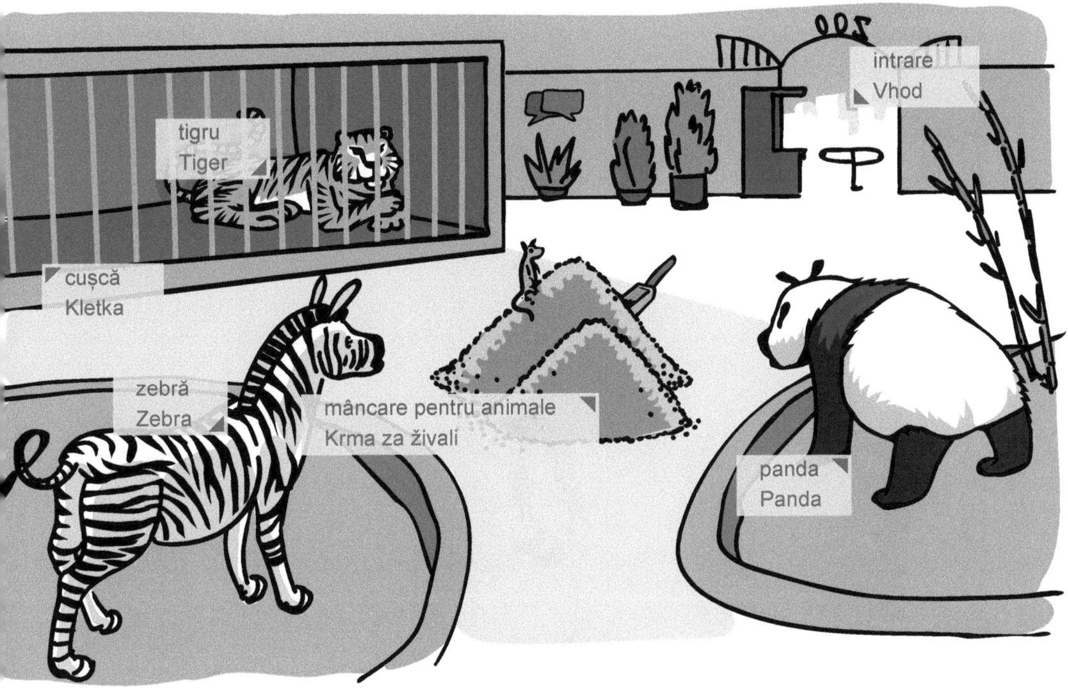
tigru
Tiger
intrare
Vhod
cușcă
Kletka
zebră
Zebra
mâncare pentru animale
Krma za živali
panda
Panda

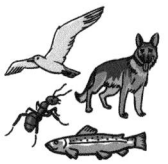

animale
Živali

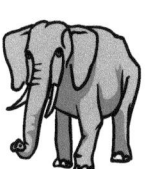

elefant
Slon

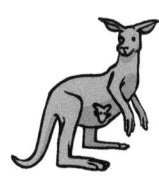

cangur
Kenguru

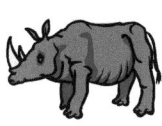

rinocer
Nosorog

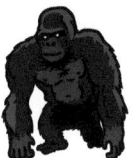

gorilă
Gorila

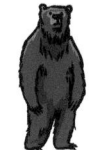

urs
Medved

cămilă

Kamela

struț

Noj

leu

Lev

maimuță

Opica

flamingo

Plamenec

papagal

Papagaj

urs polar

Severni medved

pinguin

Pingvin

rechin

Morski pes

păun

Pav

șarpe

Kača

crocodil

Krokodil

îngrijitor grădina zoologică

Oskrbnik v živalskem vrtu

focă

Tjulenj

jaguar

Jaguar

ponei

Poni

leopard

Leopard

hipopotam

Povodni konj

girafă

Žirafa

acvilă

Orel

porc mistreț

Divji prašič

pește

Riba

broască țestoasă

Želva

morsă

Mrož

vulpe

Lisica

gazelă

Gazela

fotbal american
Ameriški nogomet

ciclism
Kolesarjenje

tenis
Tenis

basketball
Košarka

înot
Plavanje

box
Boks

hockey pe gheață
Hokej

fotbal

Nogomet

badminton

Badminton

atletism

Atletika

handbal

Rokomet

schi

Smučanje

polo

Polo

activități
Dejavnosti

a sări
Skočiti
a îmbrățișa
Objeti
a râde
Smejati se
a merge
Hoditi
a cânta
Peti
a visa
Sanjati
a se ruga
Moliti
a săruta
Poljubiti

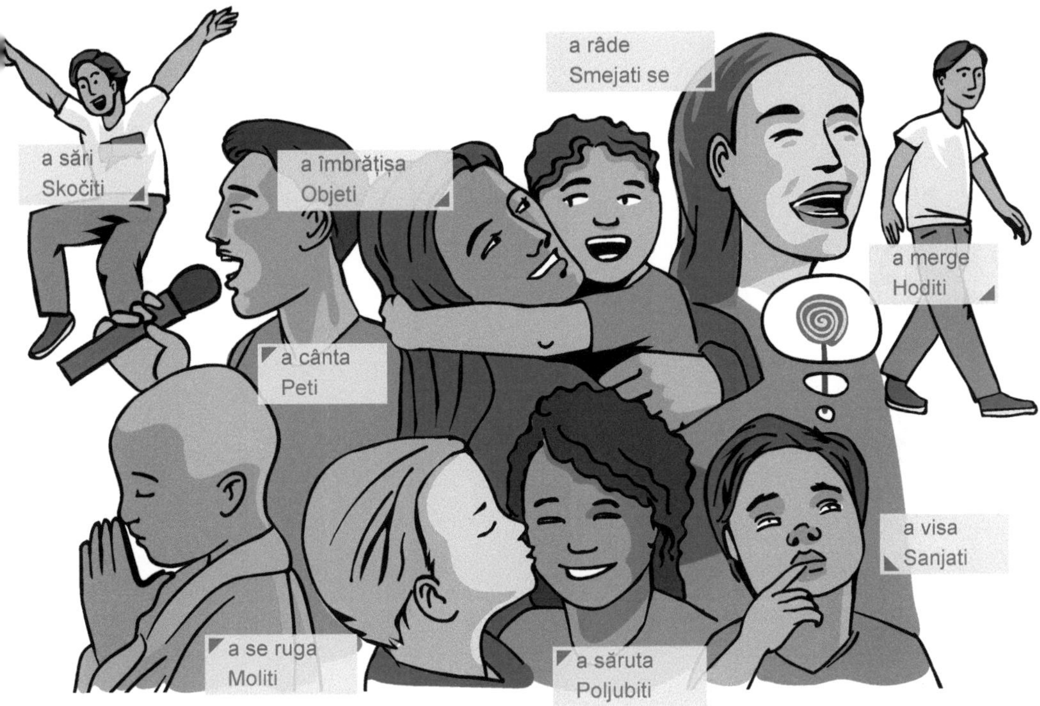

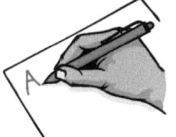

a scrie
....
Pisati

a desena
....
Risati

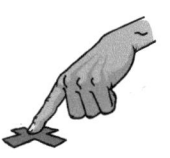

a arăta
....
Pokazati

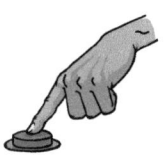

a împinge
....
Potisniti

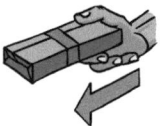

a da
....
Dati

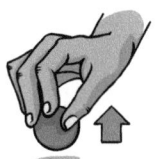

a lua
....
Vzeti

a avea
Imeti

a face
Narediti

a fi
Biti

a sta în picioare
Stati

a fugi
Teči

a trage
Vleči

a arunca
Vreči

a cădea
Pasti

a sta întins
Ležati

a aștepta
Čakati

a purta
Nositi

a ședea
Sedeti

a se îmbrăca
Obleči se

a dormi
Spati

a se trezi
Zbuditi se

a privi

Gledati

a plânge

Jokati

a mângâia

Božati

a se pieptăna

Česati se

a vorbi

Govoriti

a înţelege

Razumeti

a întreba

Vprašati

a asculta

Poslušati

a bea

Piti

a mânca

Jesti

a face ordine

Pospraviti

a iubi

Ljubiti

a găti

Kuhati

a conduce

Voziti

a zbura

Leteti

a naviga

Jadrati

a calcula

Računanje

a citi

Brati

a învăța

Učiti se

a munci

Delati

a se căsători

Poročiti se

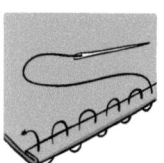

a coase

Šivati

a se spăla pe dinți

Ščetkati si zobe

a ucide

Ubiti

a fuma

Kaditi

a trimite

Poslati

activități - Dejavnosti

bunică
Stara mati

bunic
Stari oče

tată
Oče

mamă
Mati

bebeluș
Dojenček

soră
Hči

fiu
Sin

oaspete
....
Gost

mătușă
....
Teta

unchi
....
Stric

frate
....
Brat

soră
....
Sestra

corp
Telo

frunte
Čelo
ochi
Oko
umăr
Rama
deget
Prst
față
Obraz
bărbie
Brada
mână
Dlan
piept
Prsi
picior
Noga
braț
Roka

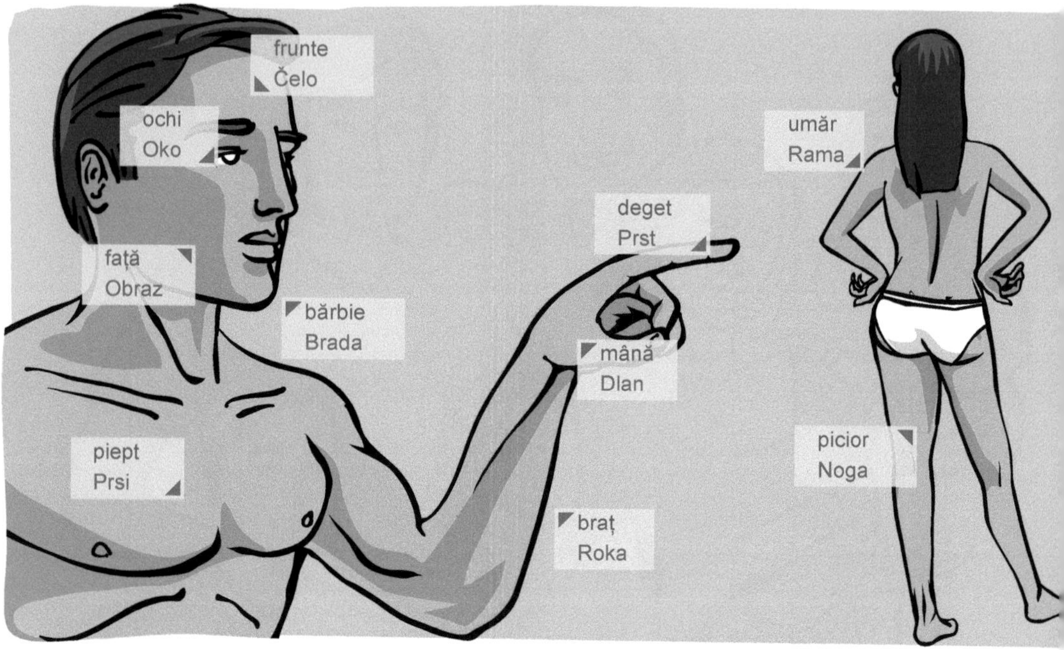

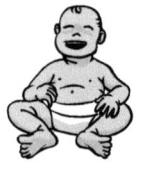

bebeluș
Dojenček

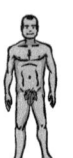

bărbat
Človek

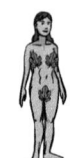

femeie
Ženska

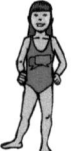

fată
Dekle

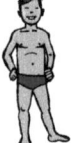

băiat
Fant

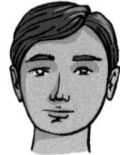

cap
Glava

spate
Hrbet

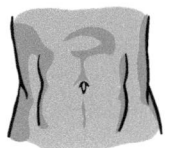

abdomen
Trebuh

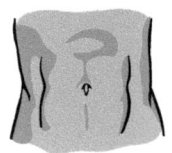

ombilic
Popek

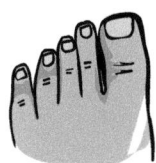

deget de la picior
Prst na nogi

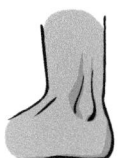

călcâi
Peta

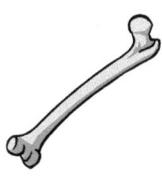

os
Kost

șold
Kolk

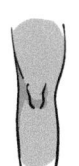

genunchi
Koleno

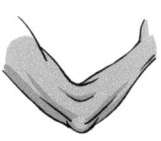

cot
Komolec

nas
Nos

fund
Zadnjica

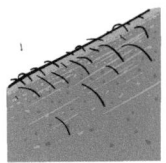

piele
Koža

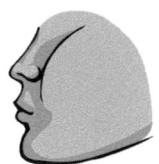

obraz
Lice

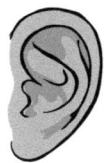

ureche
Uho

buză
Ustnica

gură
Usta

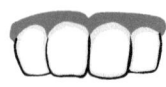

dinte
Zob

limbă
Jezik

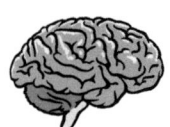

creier
Možgani

inimă
Srce

mușchi
Mišica

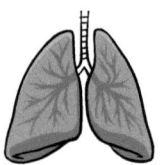

plămân
Pljuča

ficat
Jetra

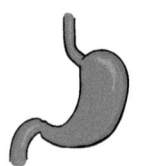

stomac
Želodec

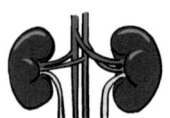

rinichi
Ledvice

sex
Spolni odnos

prezervativ
Kondom

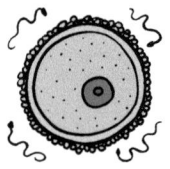

ovul
Jajčece

spermă
Semenska tekočina

sarcină
Nosečnost

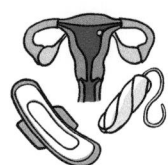

menstruație
....
Menstruacija

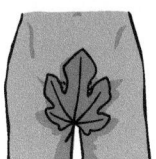

vagin
....
Vagina

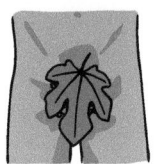

penis
....
Penis

sprânceană
....
Obrv

păr
....
Lasje

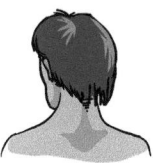

gât
....
Vrat

spital
Bolnišnica

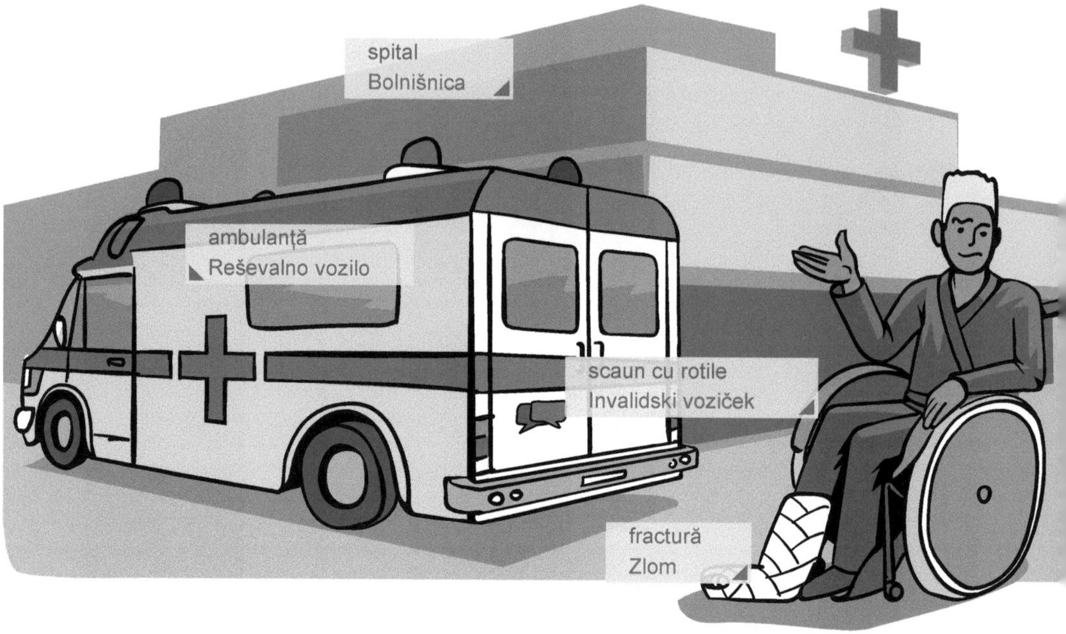

spital
Bolnišnica
ambulanță
Reševalno vozilo
scaun cu rotile
Invalidski voziček
fractură
Zlom

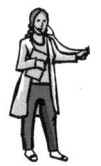

medic
Zdravnik

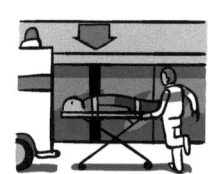

unitate de primiri urgențe
Urgenca

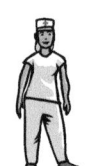

soră medicală
Medicinska sestra

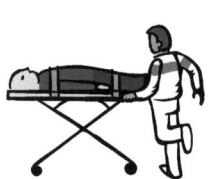

urgență
Nujni primer

inconștient
Nezavesten

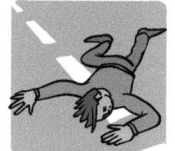

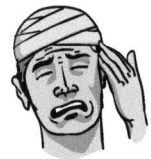

durere
Bolečina

leziune
....
Poškodba

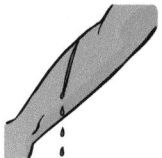

sângerare
....
Krvavenje

infarct miocardic
....
Srčni infarkt

atac cerebral
....
Kap

alergie
....
Alergija

tuse
....
Kašelj

febră
....
Vročina

gripă
....
Gripa

diaree
....
Driska

durere de cap
....
Glavobol

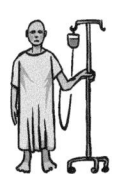

cancer
....
Rak

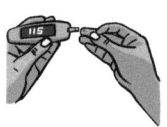

diabet
....
Sladkorna bolezen

chirurg
....
Kirurg

scalpel
....
Skalpel

operație
....
Operacija

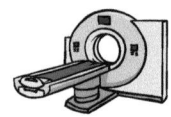

CT

CT

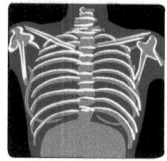

raze Röntgen

Rentgen

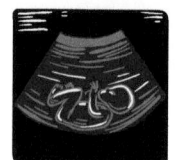

ultrasunet

Ultrazvok

mască

Obrazna maska

boală

Bolezen

sală de așteptare

Čakalnica

cârjă

Bergla

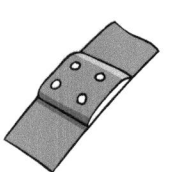

plasture

Obliž

bandaj

Preveza

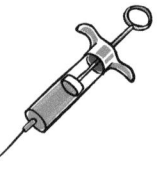

injecție

Injekcija

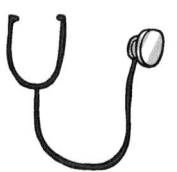

stetoscop

Stetoskop

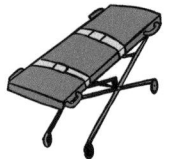

targă

Nosila

termometru

Klinični termometer

naștere

Porod

supraponderabilitate

Prekomerna teža

aparat auditiv

Slušni pripomoček

dezinfectant

Razkužilo

infecție

Okužba

virus

Virus

HIV/SIDA

HIV / AIDS

medicină

Medicina

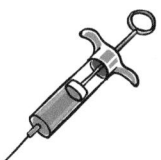

vaccin

Cepljenje

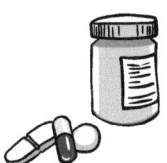

tablete

Tablete

pastilă

Tableta

apel de urgență

Klic v sili

aparat de măsurare a
presiunii arteriale

Merilnik krvnega tlaka

bolnav/sănătos

bolano / zdravo

Ajutor!

Na pomoč!

alarmă

Alarm

agresiune

Napad

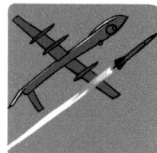

atac

Napad

pericol

Nevarnost

ieșire de urgență

Izhod v sili

Foc!

Gori!

extinctor

Gasilni aparat

accident

Nezgoda

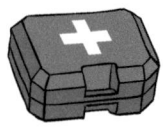

trusă de prim-ajutor

Komplet za prvo pomoč

SOS

SOS

poliție

Policija

Europa

Evropa

America de Nord

Severna Amerika

America de Sud

Južna Amerika

Africa

Afrika

Asia

Azija

Australia

Avstralija

Altantic

Atlantski ocean

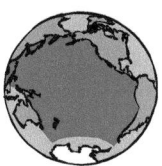

Pacific

Tihi ocean

Oceanul Indian

Indijski ocean

Oceanul Antarctic

Južni ocean

Oceanul Arctic

Arktični ocean

Polul Nord

Severni tečaj

Polul Sud

Južni tečaj

Antarctica

Antarktika

pământ

Zemlja

țară

Kopno

mare

Morje

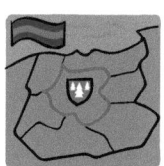

insulă

Otok

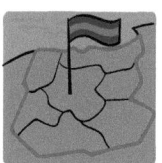

națiune

Narod

stat

Država

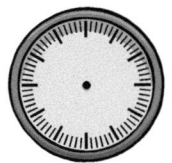

cadran

Številčnica

orar

Urni kazalec

minutar

Minutni kazalec

secundar

Sekundni kazalec

Cât e ceasul?

Koliko je ura?

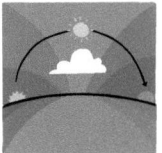

zi

Dan

timp

Čas

acum

Zdaj

cead digital

Digitalna ura

minut

Minuta

oră

Ura

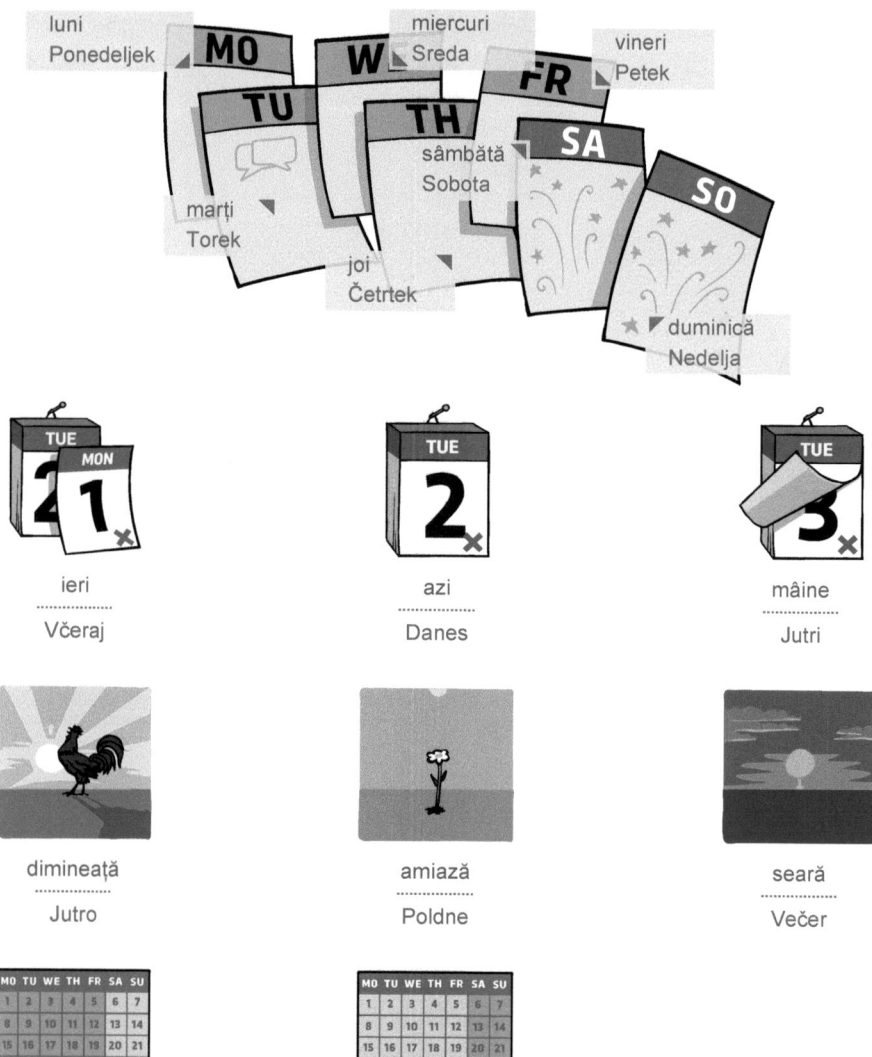

luni — Ponedeljek
miercuri — Sreda
vineri — Petek
marți — Torek
sâmbătă — Sobota
joi — Četrtek
duminică — Nedelja

ieri
Včeraj

azi
Danes

mâine
Jutri

dimineață
Jutro

amiază
Poldne

seară
Večer

zile lucrătoare
Delovni dnevi

week-end
Konec tedna

ploaie
Dež

curcubeu
Mavrica

vânt
Veter

zăpadă
Sneg

primăvară
Pomlad

vară
Poletje

toamnă
Jesen

iarnă
Zima

4.APRIL	11°	☀
5.APRIL	4°	☁
6.APRIL	13°	⛈
7.APRIL	8°	☀
8.APRIL	10°	☀

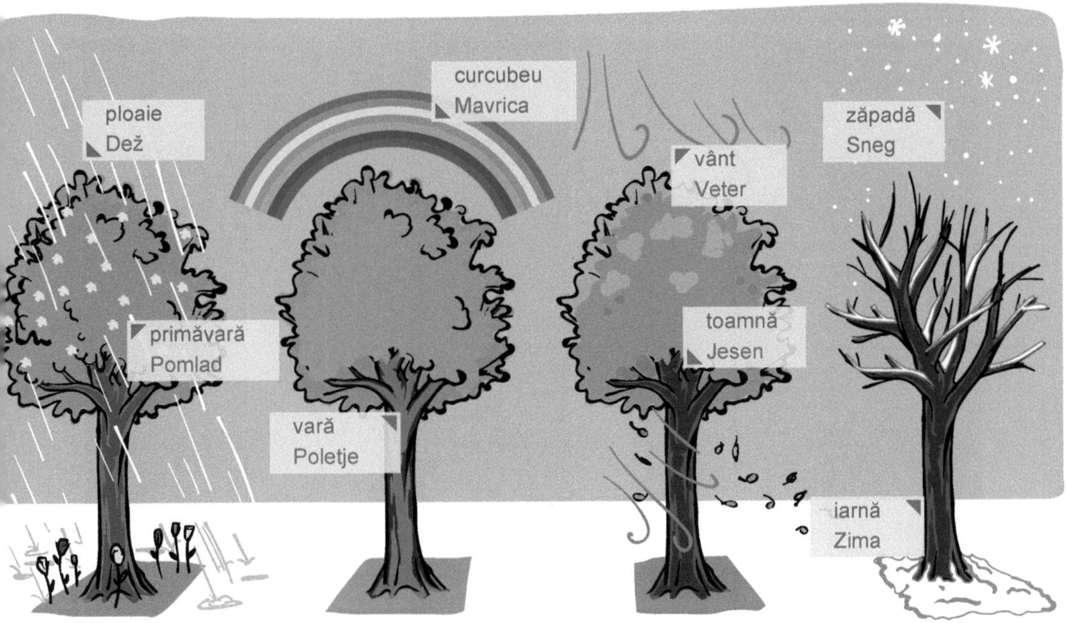

prognoză meteo

Vremenska napoved

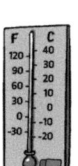

termometru

Termometer

lumina soarelui

Sončna svetloba

nor

Oblak

ceață

Megla

umiditate a aerului

Vlažnost

fulger
....
Strela

tunet
....
Grom

furtună
....
Nevihta

grindină
....
Toča

muson
....
Monsun

inundație
....
Poplava

gheață
....
Led

ianuarie
....
Januar

februarie
....
Februar

martie
....
Marec

aprilie
....
April

mai
....
Maj

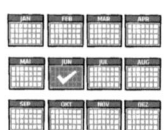

iunie
....
Junij

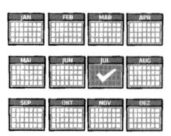

iulie
....
Julij

august
....
Avgust

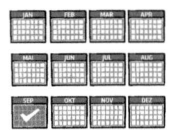

septembrie
....
September

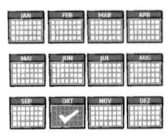

octombrie
....
Oktober

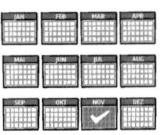

noiembrie
....
November

decembrie
....
December

cerc
....
Krogla

pătrat
....
Kvadrat

dreptunghi
....
Pravokotnik

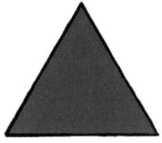

triunghi
....
Trikotnik

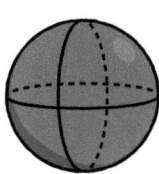

sferă
....
Krogla

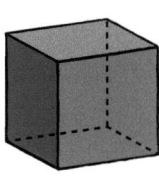

cub
....
Kocka

alb
....
Bela

galben
....
Rumena

portocaliu
....
Oranžna

roz
....
Rožnata

roşu
....
Rdeča

violet
....
Vijolična

albastru
....
Modra

verde
....
Zelena

maro
....
Rjava

gri
....
Siva

negru
....
Črna

mult/puțin

veliko / malo

furios/calm

jezno / umirjeno

frumos/urât

lepo / grdo

început/sfârșit

začetek / konec

mare/mic

veliko / majhno

luminos/întunecat

svetlo / temno

frate/soră

brat / sestra

curat/murdar

čisto / umazano

complet/incomplet

popolno / nepopolno

zi/noapte

dan / noč

mort/viu

mrtvo / živo

lat/strâmt

široko / ozko

comestibil/necomestibil

užitno / neužitno

răú/prietenos

zlobno / prijazno

emoționat/plictisit

vznemirjeno / zdolgočaseno

gras/slab

debelo / vitko

primul/ultimul

prvo / zadnje

prieten/inamic

prijatelj / sovražnik

plin/gol

polno / prazno

tare/moale

trdo / mehko

greu/uşor

težko / lahko

foame/sete

lakota / žeja

bolnav/sănătos

bolano / zdravo

ilegal/legal

nezakonito / zakonito

inteligent/stupid

pametno / neumno

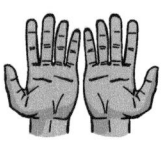

stânga/drepta

levo / desno

aproape/departe

blizu / daleč

antonime - Nasprotja

nou/uzat

novo / rabljeno

nimic/ceva

nič / nekaj

bătrân/tânăr

staro / mlado

pornit/oprit

vklopljeno / izklopljeno

deschis/închis

odprto / zaprto

încet/tare

tiho / glasno

bogat/sărac

bogato / revno

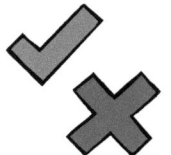

corect/fals

prav / narobe

aspru/neted

grobo / gladko

trist/fericit

žalostno / veselo

lung/scurt

kratko / dolgo

încet/repede

počasi / hitro

ud/uscat

mokro / suho

cald/rece

toplo / hladno

război/pace

vojna / mir

0

zero

Ničla

1

unu

Ena

2

doi

Dva

3

trei

Tri

4

patru

Štiri

5

cinci

Pet

6

șase

Šest

7

șapte

Sedem

8

opt

Osem

9

nouă

Devet

10

zece

Deset

11

unsprezece

Enajst

12

douăsprezece

Dvanajst

13

treisprezece

Trinajst

14

paisprezece

Štirinajst

15

cincisprezece

Petnajst

16

șaisprezece

Šestnajst

17

șaptesprezece

Sedemnajst

18

optsprezece

Osemnajst

19

nouăsprezece

Devetnajst

20

douăzeci

Dvajset

100

o sută

Sto

1.000

o mie

Tisoč

1.000.000

un milion

Milijon

engleză

Angleščina

engleză americană

Ameriška angleščina

chineza mandarină

Mandarinščina

hindi

Hindujščina

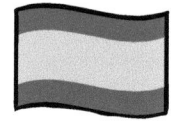

spaniolă

Španščina

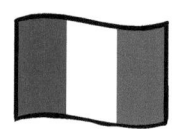

franceză

Francoščina

arabă

Arabščina

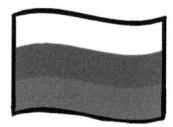

rusă

Ruščina

protugheză

Portugalščina

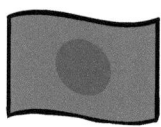

bengaleză

Bengalščina

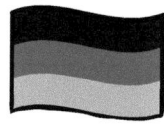

germană

Nemščina

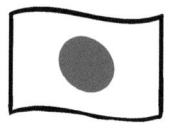

japoneză

Japonščina

eu

Jaz

tu

Ti

el/ea

On / ona / tisto

noi

Mi

voi

Vi

ea

Oni

cine?

Kdo?

ce?

Kaj?

cum?

Kako?

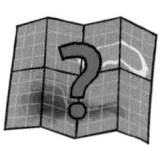

unde?

Kje?

când?

Kdaj?

nume

Ime

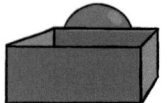

în spate

Zadaj

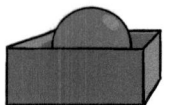

în

V

înainte

Pred

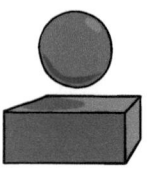

peste

Nad

pe

Na

sub

Pod

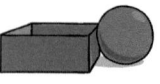

lângă

Poleg

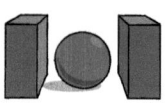

între

Med

loc

Kraj